ANALISI DEL LIBRO

AF137382

Fahrenheit 451

· · · · · · · · · · · · · · · ·

Ray Bradbury

ANALISI DEL LIBRO

Scritto da Anne-Sophie De Clercq
Tradotto da Sara Rossi

Fahrenheit 451

RAY BRADBURY

RAY BRADBURY

ROMANZIERE, SCRITTORE DI RACCONTI, DRAMMATURGO, POETA E SCENEGGIATORE AMERICANO

- **Nato a Waukegan (Illinois) nel 1920**

- **Morto a Los Angeles nel 2012**

- **Opere degne di nota:**

  - *Dark Carnival* (1947), raccolta di racconti

  - *Le cronache di Martin* (1950), romanzo

  - *Fahrenheit 451* (1953), romanzo

Ray Douglas Bradbury è stato un romanziere, scrittore di racconti, poeta e sceneggiatore nato negli Stati Uniti nel 1920, ed è uno dei più significativi scrittori di fantascienza e fantasy del XX secolo. I suoi primi racconti furono pubblicati nel 1938 su una fanzine e il suo primo libro, pubblicato nel 1947, fu una raccolta di racconti intitolata *Dark Carnival*. Le sue opere più famose sono *Le cronache di Martin* (1950) e *Fahrenheit 451* (1953).

Bradbury ha una stella sull'Hollywood Boulevard e un premio che porta il suo nome: il Ray Bradbury Award for Outstanding Dramatic Presentation. Il premio è stato assegnato per la prima volta nel 1992 e viene conferito a opere di fantascienza (cinema, televisione, teatro, radio, ecc.).

FAHRENHEIT 451

UNA VISIONE DELLA SOCIETÀ

- **Genere:** romanzo di fantascienza

- **Edizione di riferimento:** Bradbury, R. (1995) *Fahrenheit 451*. Parigi: Denoël

- **Prima edizione:** 1953

- **Temi:** letteratura, censura, potere, libertà, rivolta, lavaggio del cervello

Pubblicato per la prima volta in forma seriale e poi in volume nel 1953 negli Stati Uniti, *Fahrenheit 451* è un romanzo distopico, che presenta la visione di un mondo futuro del tutto negativo e che ha ricevuto il Premio Hugo per il miglior romanzo nel 1954.

Racconta la storia di un pompiere di nome Montag. Egli vive in un'epoca e in un luogo imprecisati, in una società standardizzata in cui la felicità della popolazione è fondamentale ed è incentrata sugli schermi presenti in ogni casa. Un pericolo minaccia la serenità degli esseri umani: i libri. I libri hanno il potere di provocare sentimenti dannosi e di innescare pensieri negativi. Insieme ai suoi colleghi, Montag ha il compito di bruciarli: 451, in gradi Fahrenheit, è la temperatura a cui la carta prende fuoco.

SINTESI

RISVEGLIARE LA COSCIENZA

Guy Montag e sua moglie, Mildred, si conformano pienamente al modello che viene loro proposto. Infatti, Montag è un pompiere speciale: con la sua squadra, è responsabile di bruciare i libri. Tutti i libri sono proibiti in città: non si possono né leggere né possedere. Inoltre, non interessano a nessuno, perché ognuno è chiuso in casa con le cuffie nelle orecchie, seduto davanti agli schermi che riempiono le pareti del salotto.

Tuttavia, Montag ha una tendenza ribelle che viene in qualche modo rafforzata dai frequenti incontri nel quartiere con una giovane donna strana e anticonformista, Clarisse McClellan, che ama passeggiare, chiacchierare, passare il tempo a pensare e, soprattutto, a leggere. La ragazza condivide con Montag le sue idee e lo introduce al mondo della lettura, ma non tarda a scomparire (alcuni dicono che sia morta). Così un giorno, per curiosità impulsiva, il pompiere prende diversi libri dal falò che deve portare via e li nasconde in casa, all'insaputa della moglie. Poi incoraggia la moglie a guardare uno dei volumi che ha portato a casa e le legge alcuni brani contro la sua volontà. Da quel momento in poi, porta a termine i suoi compiti sempre più a malincuore.

Ora, Montag mette regolarmente in discussione la struttura del mondo che lo circonda, così come il comportamento di sua moglie e dei suoi colleghi, che non sono consapevoli del lavaggio del cervello di cui sono vittime e della guerra che sta per scoppiare.

Allarmato dalle reazioni di Montag, il capitano Beatty interviene e spiega l'origine e l'importanza della sua funzione: non ha ancora idea della strada pericolosa che sta percorrendo.

L'INIZIO DELLA RIVOLTA

Montag riprende poi i contatti con Faber, un professore di inglese in pensione che ha conosciuto un anno prima in un parco e con cui ha discusso segretamente di poesia. Insieme, progettano di ristampare libri e Faber fornisce a Montag un auricolare che permetterà loro di rimanere in contatto in modo permanente: questo potrebbe essere molto utile per destabilizzare il regime spiando i pompieri.

A poco a poco, il capitano Beatty sospetta che Montag recuperi i libri. Montag ne è consapevole, ma, cercando di sensibilizzare le persone intorno a lui, insiste nel leggere agli amici della moglie che, vedendo la sua rabbia, acconsentono. Più tardi, quando Montag si trova alla stazione dei pompieri, si accorge che i vigili sono stati chiamati per un nuovo intervento, mirato alla sua stessa casa. Ben presto scopre di essere stato denunciato da Mildred e dai suoi amici.

Minacciato da Beatty, Montag è costretto a portare a termine la sua missione e riduce in cenere la propria casa dopo la partenza di Mildred. Aziona il lanciafiamme come un robot ma, in un improvviso scatto di coscienza, lo rivolge verso il suo capitano prima di fuggire.

Ormai considerato un criminale, viene inseguito dal Mastino, un robot metà cane e metà ape con un pungiglione che inietta dosi di procaina (un anestetico) in coloro che sta inseguendo. Montag riesce a disorientare il robot e, con molta fortuna, raggiunge il fiume. Si lascia trasportare dalla corrente e segue il binario di una vecchia ferrovia.

Finisce per incontrare un gruppo di ex professori universitari, reietti della società, che vivono in piccole comunità itineranti lungo la ferrovia. Ognuno di loro conosce un testo a memoria, salvandolo così dall'oblio. Quando arriva per unirsi a loro, scoppia la guerra e una bomba brucia la città di Montag che ha lasciato, dando speranza ai sopravvissuti di costruire un mondo diverso.

STUDIO DEL CARATTERE

GUY MONTAG

Guy Montag ha trent'anni e vive comodamente con la moglie Mildred in una delle case standard di una tranquilla cittadina. È un pompiere: con i suoi colleghi, è responsabile del rogo dei libri, che sono proibiti. All'inizio svolge il suo compito con orgoglio e piacere, credendo di essere utile alla società. Ma ben presto decide di rubare libri e, grazie a essi e alle discussioni con Clarisse McClellan, diventa gradualmente consapevole che un altro mondo è possibile. Tenta di presentare queste opportunità alla moglie e poi agli amici di lei, senza successo. Montag si rivolge a un ex insegnante, Faber, che ha intenzione di ristampare i volumi mancanti. Il giorno del suo ultimo intervento, Montag deve bruciare la propria casa (simbolo della vita che conduceva lì). Lo fa, poi uccide il suo capitano prima di fuggire come criminale e unirsi a una comunità di intellettuali che hanno memorizzato i testi per conservarli.

Possiamo seguire l'evoluzione del personaggio principale in tre fasi che corrispondono alle tre parti del testo:

- All'inizio, è un cittadino comune che gradualmente si rende conto che la sua felicità è artificiale;
- Cerca di condividere i suoi pensieri e di rispondere in modo efficace;
- Infine, agisce scegliendo di diventare un fuorilegge.

Il nome Montag evoca la luna ("Montag" è la parola tedesca per "lunedì", il giorno della luna), che è generalmente legata all'acqua e alle maree, ed è opposta al sole, e quindi al fuoco e alla funzione distruttiva dei pompieri. Anche il risveglio del personaggio è legato alla luna, poiché la notte del suo primo incontro con Clarisse, egli guarda la luna e sembra vederla davvero per la prima volta. Questo aspetto viene citato più volte nella prima parte del romanzo.

IL CAPITANO BEATTY E I POMPIERI

I pompieri hanno il compito di distruggere qualsiasi testo scritto e chiunque cerchi di ostacolarli. Conosciamo il nome di tre pompieri che lavorano con Montag: Il capitano Beatty, Black e Stoneman. Tutti e tre sono convinti che la loro professione possa mantenere l'ordine e la felicità nella società, poiché, bruciando i libri, eliminano qualsiasi idea sovversiva o disturbo che possa danneggiare la pace dei loro concittadini. Inoltre, ognuno di questi tre personaggi porta un nome con connotazioni negative.

Il Capitano è istruito: conosce i libri, ne ha letti alcuni e li sa citare. Usa le sue conoscenze per cambiare le opinioni di Montag quando si ribella e per giustificare il funzionamento della società.

MILDRED MONTAG

Mildred, la moglie di Montag (che lui chiama Millie), è, come i pompieri, completamente cerebrolesa. La cosa più importante per lei è potersi permettere un quarto schermo che copra l'ultimo spazio rimasto sulla parete del soggiorno, per poter vivere pienamente con la "Famiglia" (un gruppo di attori che interagiscono virtualmente con lei). Mildred non riesce a capire l'interesse del marito per i libri, il pensiero e il tempo libero; per paura, finisce per denunciarlo.

CLARISSE MCCLELLAN

Clarisse è una ragazza di diciassette anni anticonformista, come il resto della sua famiglia. Crede nell'importanza del dialogo, dello scambio di idee, del girovagare, ecc. Per questo motivo si distingue dal resto della società, che è immersa nella tecnologia. Clarisse contatta Montag e gli fa capire che è possibile vivere in modo diverso e che la sua funzione di pompiere è priva di senso e persino pericolosa per il vero benessere intellettuale e psicologico degli esseri umani.

Quando appare nel libro, il vocabolario si concentra spesso sul bianco e sulla luna, che la collega semanticamente a Montag. Anche il suo nome allude alla chiarezza. Lei e Montag si incontrano sempre di notte, quando il pompiere torna a casa dal lavoro, che è il momento migliore per sognare, evadere e pensare (cosa che Mildred non può sapere, essendo costantemente collegata alle cuffie). Clarisse è il personaggio femminile opposto a Mildred e ai suoi amici, che sono molto felici del mondo in cui vivono.

FABER

Faber, come Clarisse e Montag, è uno spirito libero. Ex professore di inglese, per molti anni ha taciuto il suo amore per i libri nascondendosi in casa. Un giorno incontra Montag e gli parla di poesia. Un anno dopo, aiuta Montag a rendersi conto dell'importanza dei testi e della loro sopravvivenza.

ANALISI

UN ROMANZO DI FANTASCIENZA DISTOPICA

Fahrenheit 451 è stato scritto durante la prima età dell'oro della fantascienza negli Stati Uniti (1920-1950). Bradbury è considerato uno dei maestri del genere, anche se non ha mai dichiarato di far parte del movimento (considera *Fahrenheit 451* il suo unico romanzo di fantascienza, mentre le altre opere sono più legate al genere fantasy).

 BUONO A SAPERSI: FANTASCIENZA, FANTASY E MERAVIGLIE

Il termine fantascienza viene utilizzato quando un testo descrive una realtà alterata, come nel caso di *Fahrenheit 451*. Romanzi come *Harry Potter* appartengono ai generi fantasy o meraviglioso, in quanto descrivono un mondo irreale o magico. Questi generi si distinguono comunque dal genere fantastico, che descrive una realtà conosciuta che assume gradualmente la forma della non-realtà e presenta aspetti inspiegabili. *L'Horla* di Maupassant appartiene a questa categoria.

Fahrenheit 451 è un romanzo di fantascienza e una distopia: l'autore immagina una società possibile, ma in nessun modo ideale. Nel suo testo, il lettore viene presentato con una critica alla società del suo tempo, alla nostra società di oggi e a ciò che rischiamo di fare in futuro. Questa narrazione può essere paragonata a testi come *Brave New World* di Aldous Huxley (scrittore inglese, 1894-1963), pubblicato nel 1932 o *1984* di George Orwell (scrittore inglese, 1903-1950), pubblicato nel 1949.

 ## BUONO A SAPERSI

1984 è un romanzo di fantascienza scritto da George Orwell che descrive un mondo in guerra governato da tre superpotenze. L'autore dipinge una di queste, l'Oceania, come un universo totalitario dettato dal pugno di ferro del Grande Fratello e del Partito.

Brave New World è ambientato in una Londra del futuro. La società è organizzata per classi sociali, rigida e draconiana. L'equilibrio si basa sulla pratica del condizionamento chimico e psicologico degli individui.

CONTROLLO POLITICO, CENSURA E ROGHI DI LIBRI

Bradbury pubblicò il suo romanzo nel 1953, in un periodo in cui il senatore McCarthy (1908-1957) lanciò una caccia alle streghe contro i comunisti e, più in generale, contro gli intellettuali negli Stati Uniti. All'inizio della Guerra Fredda esisteva il pensiero unico e la denuncia (sostenuta dalla paranoia ambientale) era incoraggiata per preservare la pace e la tranquillità domestica, come nel romanzo di Bradbury.

👁 Buono a sapersi: Il maccartismo

Il maccartismo (dal nome del senatore statunitense Joseph McCarthy) è stata una politica di persecuzione e di emarginazione di chiunque fosse sospettato di simpatie comuniste in America negli anni Cinquanta. Attuata in un clima di psicosi e nel contesto della Guerra Fredda (stato di tensione tra gli Stati Uniti e l'URSS comunista tra il 1945 e il 1990), era simile a una caccia alle streghe.

Il testo può essere riferito a qualsiasi regime totalitario: Hitler, cinese, coreano, ecc. È quindi sempre attuale, soprattutto perché la trama è ambientata in un luogo e in un tempo indeterminati, ma ricorda il futuro prossimo in cui troviamo molti degli oggetti citati intorno a noi, come monitor, metropolitane, ecc.

In effetti, la censura, ovvero la riduzione (o l'eliminazione) della libertà di opinione e di espressione, è un'arma che tutti i regimi totalitari o oscurantisti utilizzano. Viene praticata in diversi modi: a priori (prima della pubblicazione) o a posteriori, in modo implicito (durante il maccartismo si manifestava con minacce di rifiuto) o esplicito (regolamentata dalla legge). In quest'ultimo caso, si tratta chiaramente di un obiettivo contro libri o immagini a scopo religioso o politico e i responsabili possono essere puniti dalla legge.

In *Fahrenheit 451*, la censura è portata all'estremo, poiché riguarda tutti i libri, indipendentemente dal loro contenuto. Più che un contenuto, è un mezzo di comunicazione, un mezzo di espressione – la cosa stessa che simboleggia la cultura e lo sviluppo dell'umanità – che viene messo in discussione. Il fatto che i libri vengano bruciati ricorda la pratica del rogo dei libri, o auto-da-fé (dallo spagnolo "auto da fe", che significa "atto di fede"). Comparsa per la prima volta nel Medioevo, questa pratica consisteva nel bruciare i libri considerati eretici o pagani. Sotto l'Inquisizione, l'auto-da-fé si tradusse nel rogo di coloro che erano accusati di eresia.

Più recentemente, i nazisti organizzarono anche roghi di libri su larga scala, a partire dal 1933, in diverse città tedesche (prima a Berlino e poi a Dresda, Brema, Francoforte, Monaco di Baviera, ecc.) Tutti i libri i cui autori erano dissidenti o ebrei furono distrutti su enormi falò eretti in onore del regime di Hitler (statista tedesco, 1889-1945). Le opere di Karl Marx (teorico e rivoluzionario socialista tedesco, 1818-1883), Sigmund Freud (medico austriaco e fondatore della psicoanalisi, 1856-1939), Heinrich Mann (scrittore tedesco, 1871-1950), Stefan Zweig (scrittore austriaco, 1881-1942) e Bertolt Brecht (poeta e drammaturgo tedesco, 1898-1956) furono i principali obiettivi dei roghi.

Più in generale, la censura è strettamente legata alla questione della libertà di espressione. Questo tema è ancora attuale in tutti i Paesi del mondo, anche all'interno dei regimi democratici:

- negli Stati Uniti, in alcune canzoni, le parole che possono offendere la sensibilità degli ascoltatori più giovani vengono censurate e sostituite da "bip";

- con l'avvento delle nuove tecnologie dell'informazione e della comunicazione, siti come Wikileaks (che ha pubblicato anonimamente documenti riservati) sono regolarmente fonte di controversie;

- in Cina è impossibile accedere ad alcuni siti web, così come a Cuba e in Corea del Nord, dove tutti i collegamenti con l'esterno sono praticamente interrotti;

- Roberto Saviano (nato nel 1979), l'autore di *Gomorra*, un libro che denuncia gli affari della camorra (la mafia napoletana), ha ricevuto minacce di morte dopo la pubblicazione del suo romanzo e ora vive sotto protezione della polizia. Molti giudici e giornalisti italiani sono già stati giustiziati per aver osato parlare di mafia;

- molte sono le persone arrestate in tutto il mondo per aver espresso idee che non piacevano ai poteri in carica: sono noti come prigionieri di coscienza.

IL POTERE DEI MEDIA E LA SCOMPARSA DEI LIBRI

Fahrenheit 451 pone la questione della dittatura politica e intellettuale.

- In primo luogo, la dittatura politica, poiché i personaggi si evolvono in un mondo rigido in cui la denuncia è incoraggiata, in cui certi atti sono severamente puniti, in cui tutti devono pensare allo stesso modo, ecc.

- In secondo luogo, la dittatura intellettuale, perché uno degli atti proibiti è la lettura (e il possesso di libri). È meglio rimanere davanti agli schermi, ascoltare le onnipresenti pubblicità sui mezzi pubblici o guidare ad alta velocità piuttosto che prendersi il tempo per leggere, pensare e discutere con i propri concittadini, cosa che può minare il pensiero comune e, quindi, la felicità universale.

Il romanzo è stato pubblicato nel 1953, ma possiamo fare un parallelo con la nostra società attuale. Dall'arrivo dei televisori nelle case, ogni persona trascorre sempre più tempo davanti al piccolo schermo. Lo sviluppo dei computer negli ultimi vent'anni ha generato un comportamento simile. Come in *Fahrenheit 451*, i veicoli sono sempre più veloci. È inoltre sempre più raro che le persone siano senza auricolari (o che viaggino senza cellulare, un elemento che non è presente nel libro).

In questa società dell'immediatezza, dominata dai media e dalla pubblicità, il passato e il futuro non sono più rilevanti:

- i pompieri, la cui funzione è opposta a quella che conosciamo oggi, hanno dimenticato l'origine della loro professione;

- Mildred non ricorda più come ha conosciuto Montag;

- le persone non si preoccupano più di ciò che può accadere loro (guerra, ecc.) perché non hanno alcuna consapevolezza del mondo che le circonda.

Questa onnipresenza dei media e della tecnologia solleva interrogativi sulla sopravvivenza dei libri. Spesso si dice che la gente non legge più, che il libro è un oggetto in via di estinzione e che nessuno è più in grado di pensare con la propria testa, di cercare informazioni o di confrontare le idee. Tuttavia, alcuni intellettuali (come Umberto Eco) insistono sul fatto che la lettura è un'attività che è sempre esistita. Anche se declinata in varie forme, la lettura non sta per scomparire, nonostante la grande presenza dei media. Le piattaforme mediatiche stanno subendo molti cambiamenti e sono sempre più numerosi i testi disponibili in formato digitale.

ULTERIORI RIFLESSIONI

ALCUNE DOMANDE SU CUI RIFLETTERE...

- Qual è il significato del nome Montag?

- Attraverso i loro cognomi, possiamo intuire che i colleghi di Montag (Black, Stoneman e Beatty) sono personaggi negativi. Spiegate perché è così.

- Perché i libri in particolare sono proibiti?

- Spiegate perché questo testo appartiene al genere della fantascienza.

- Che cosa critica Bradbury con la sua opera?

- Quale legame si può stabilire tra quest'opera e il maccartismo?

- Questo testo può essere applicato a qualsiasi regime totalitario? Spiegate la vostra risposta e includete esempi di Paesi in cui la libertà di espressione è ancora oggi oppressa.

- Confrontate l'approccio di Bradbury con quello di *1984* di George Orwell e di *Brave New World* di Huxley.

- Quali parallelismi si possono tracciare tra quest'opera e la nostra società attuale?

ULTERIORI LETTURE

EDIZIONE DI RIFERIMENTO

Bradbury, R. (1995) *Fahrenheit 451*. Parigi: Denoël.

ADATTAMENTI

Fahrenheit 451. (1966) [Film]. François Truffaut. Dir. UK: Anglo Enterprises.

Vogliamo sapere da voi!
Lasciate un commento sulla vostra biblioteca online
e condividete i vostri libri preferiti sui social media!

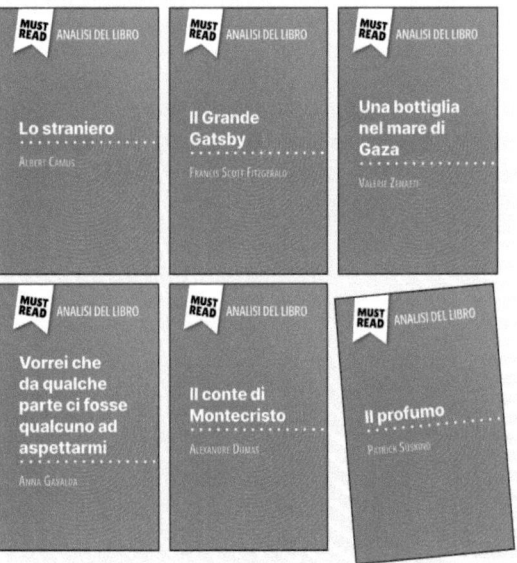

www.50minutes.com

Master ISBN: 9782808689526
ISBN cartaceo: 9782808610926
Deposito legale: D/2023/12603/1372

Copertura: © Primento

Concezione digitale a cura di Primento, il partner digitale degli editori.